"Solltest du nur einmal beten in deinem ganzen Leben und sollte das Gebet nur aus einem Wort bestehen, dann darf es das Wort ‚Danke' sein."

(Augustinus)

In Liebe widme ich dieses Buch
meiner ewigen Traumfrau Edeltraud,
die unseren Kindern einen sicheren Hafen
gegeben hat und mit mir seit Jahrzehnten
vertrauensvoll durch dick und dünn geht.

Kary Nowak
3 Wege zum Glücklichsein

Wie du immer gut drauf bist
Wie du den Erfolg zur Gewohnheit machst
Wie du Freunde und Partner gewinnst
und auch behältst

Herzmagie – Band 3

Kary Nowak
Autor, Selfness-Trainer und Coach

Copyright 2019 by Bücher mit Herz
Lektorat: Mag. Margeaux Brandl
Cover: Markus Klaus-Ebner
Layout: Kary Nowak

1. Auflage 2019 by Bücher mit Herz

Ferdinand Fleischmanngasse 5/10
A-2340 Mödling
www.buechermitherz.org

Bibliografische Information der Deutschen Nationalbibliothek: Die Deutsche Nationalbibliothek verzeichnet diese Publikation in der Deutschen Nationalbibliografie; detaillierte bibliografische Daten sind bei http://dnb.dnb.de abrufbar.

Herstellung und Verlag:
BoD – Books on Demand, Norderstedt
ISBN: 9783749464678

Danke! Danke! Danke!

Tausendmal Danke meiner liebevollen Oma, die mich schon als Knirps voll respektierte und in mir die Liebe zur Sprache weckte. Tausendmal Danke meinem hochbegabten Vater, der mich schon als Vierjährigen dazu ermutigte, vor vielen Menschen zu sprechen und mich mit seiner Liebe zu den Geschöpfen des Waldes, der Wiesen und Bäche ansteckte. Tausendmal Danke meiner verantwortungsbewussten Mutter, die mir Zuverlässigkeit und Disziplin vorlebte und immer für mich da war.

Tausendmal Danke meiner geliebten Edeltraud, unseren drei erwachsenen Kindern Dominik, Felix und Sonja, sowie allen meinen Freunden, Mentoren, Kunden und Sponsoren, die es mir immer wieder ermöglichten, ein selbstbestimmtes Leben zum Wohle des Ganzen zu führen.

Vielen, herzlichen Dank den Autoren und Autorinnen der im Literaturverzeichnis genannten Bücher, die mich zu meinen Geschichten und Botschaften inspiriert haben. Nicht zuletzt auch noch vielen, herzlichen Dank für die Unterstützung durch das liebevolle „Bücher mit Herz" Team!

Aus dem Inhalt

Kapitel III – Ja, du kannst es!

Kapitel IV – Vom Ich zum WIR

Mein lieber Schatz!

Herzlich willkommen in unserer Leserfamilie „Bücher mit Herz"! Du hast gerade mein Buch gekauft oder vielleicht von jemandem geschenkt bekommen und beginnst jetzt, es zu lesen! Damit hast du aus einem „nutzlosen Halbfabrikat" ein wertvolles Endprodukt gemacht. Und deshalb bist du jetzt mit Recht (auch) „mein lieber Schatz"!

Mein neues Buch über die „3 Wege zum Glücklichsein" ist die pure Essenz aus drei Wochenend-Kursen im Gesamtwert von 1.200 Euro. Alles, was du hier findest, stammt aus der Praxis und ist daher auch von dir und jedem anderen direkt in die Praxis umsetzbar.

Wenn du – so wie die meisten Menschen – einen Hang zu Selbstbestrafung hast, dann wirst du erst dann nachhaltige Erfolge haben, sobald du dieses „Programm" deaktiviert hast.

Anhand von Geschichten aus dem Leben sowie aus Büchern und Filmen, lernst du mit dem Herzen, wie du deinen ganz persönlichen Weg zum Glücklichsein findest und dann für immer und ewig beibehalten kannst.

Jeder Mensch hat eine leichte bis starke Neigung zur Selbstbestrafung, die ihn daran hindert, dauerhaft glücklich und frei zu sein. Ich habe dieses Phänomen 40 Jahre lang beobachtet und ihm schließlich den Namen „Schuld- und Sühne-Programm" gegeben.

Ich habe herausgefunden, wie dieses Programm entsteht und was es alles anrichten kann: Unfälle, Krankheiten, Verlust des Jobs, eines Freundes, eines Kunden, des Partners ...

Die Geschichten in den zwei Büchern zeigen dir, wie du dich von diesem „Spielverderber" befreien kannst – und was du unbedingt vermeiden musst, damit deine Kinder von ihm verschont bleiben. Mit Herz und Verstand angewendet sind die zwei ein Schatz!

Erhältlich bei www.bod.de/buchshop
und im Buchhandel – siehe auch Seite 100 und 101

Gönn dir meine unterhaltsamen Geschichten und nimm dir genug Zeit, sie zu verinnerlichen. Mach dir Notizen auf den leeren Seiten nach jedem Kapitel, die wir extra dafür frei gelassen haben. Und wenn du eine Geschichte mit anderen teilen möchtest, dann tu es!

Wenn dich eine Geschichte an ein Ereignis in deinem eigenen Leben erinnert, dann versuche, die Zusammenhänge zu verstehen.

Meine Geschichten sollen dich inspirieren und motivieren, in jeder Situation eine Lösung zu finden. Und wenn dich eine Geschichte an ein Ereignis im Leben eines anderen erinnert, dann rede mit diesem Menschen und erzähle ihm diese Geschichte.

Mein Versprechen: Selbst wenn dich dieses Buch nur zu einer einzigen Aktion ermutigt, die dein Leben dauerhaft verbessert, wird es dir bereits tausendmal mehr bringen, als du investiert hast!

Mein Herzenswunsch: Dass sich (ähnlich wie bei meinem Bestseller „Krebsheiler packen aus") tausende Menschen von meinen Geschichten inspirieren lassen, die Lektionen beherzigen und dafür Liebe, Freiheit und Frieden ernten!

Genieße die Geschichten und lass dich von mir zum Tun ermutigen. Nimm dieses Buch überall mit: ins Kaffeehaus, in Warteräumen, in den Urlaub, sodass andere neugierig werden und dich ansprechen.

Ja, und besonders großartig wäre es natürlich, wenn du noch zwei weitere Exemplare kaufst und diese deinen besten Freundinnen u./o. Kolleginnen schenkst! Sie werden sich bestimmt freuen und dir ein Vielfaches an Freude zurückgeben!

Auch ich freu mich natürlich. Denn je mehr Menschen dieses Buch selbst entdecken oder geschenkt bekommen, desto weniger Werbekosten haben wir - und können den Preis des Buchs so günstig belassen, dass es sich jeder leisten kann!

Und wenn die beiden Menschen, denen du je ein Buch geschenkt hast, es dir nachmachen und ebenfalls je zwei Bücher verschenken, usw., usw., wird es sich so genial verbreiten wie der Same des Löwenzahns! Es ist so einfach. *

*) Der Reinerlös aus dem Verkauf dieses Buches fließt in das Projekt „HERZMAGIE" der Umweltinitiative BRUDER BAUM.

11

Die 3 großen Geheimnisse

für dich enthüllt
auf meine Art

„Ich weiß, dass ich nichts weiß.“
(Sokrates)

Ein roter Kopf
mit Konsequenzen

Nach vier Jahren Knechtschaft in der Wiener Handelsakademie am Hamerlingplatz hatte ich Ende Juni 1961 endlich mein Maturazeugnis in der Tasche. Weil wir jedoch wieder mal eine Wirtschaftskrise in Österreich hatten, waren die wenigen, wirklich guten Jobs schon lange vor Schulschluss vergeben.

Also genoss ich erst mal meine letzten großen Sommerferien im Wienerwald und begann dann mit der Arbeitssuche. Als ich Ende November noch immer keinen Job hatte, entschied ich mich, einfach mit irgendetwas zu beginnen, und das war die Post.

Mein Vater, ein Kleinunternehmer, war riesig enttäuscht. Denn es kursierte damals der geflügelte Spruch „Wer nichts ist und wer nichts kann, der geht zur Post oder zur Bahn.", der damals sogar eine gewisse Berechtigung hatte.

Meine Oma tröstete mich mit dem Spruch „Ein Beamter hat am Ersten nix, am Letzen nix, aber das hat er fix." und meine Mutter war froh, dass ich endlich irgendeine Arbeit hatte.

Mir selbst war es schon immer ziemlich egal, was andere von mir denken. Nicht egal war mir aber, wie ich den größten Teil meines Tages verbringe – und das ist nun mal bei den meisten Menschen jene Arbeit, mit der sie ihre Brötchen verdienen.

Als B-Beamter (Maturant) und möglicher künftiger Amtsvorstand wurde ich zuerst überall eingeschult: An den Kassenschaltern, die den B-Beamten vorbehalten waren, sowie am Briefschalter und am Paketschalter, die normalerweise nur von C-Beamten (Nicht-Maturanten) bedient wurden. War ein C-Beamter krank oder auf Urlaub, dann musste ich als der Neuling einspringen.

Bei der Arbeit am Kassenschalter war ich fachlich-sachlich total unterfordert, aber in den Stoßzeiten mengenmäßig total überfordert.

Saudumm war auch die Arbeitszeit von 8 bis 12 und von 14 bis 18 Uhr. Denn damit war der ganze Tag hin. Andererseits war ich durch die stupide Arbeit zu Mittag ohnehin fix und fertig und nutzte die tote Zeit einfach zum Schlafen.

Aus diesem Grund war ich immer heilfroh, hie und da am Briefschalter eingesetzt zu werden, der viel abwechslungsreicher und nicht so stressig war als die Kassenschalter. Doch die Sache hatte einen Haken.

Denn fallweise war meinem Chef so fad, dass er sich den Mann, der den Paketschalter bediente (Herrn Zieglar), in sein winziges Büro holte und dann mit ihm endlos tratschte. Ich musste dann während der ganzen Zeit zwei Kundenschalter gleichzeitig bedienen, die zu allem Überfluss auch noch gegenüberliegend angeordnet waren!

Das ließ ich mir eine Weile gefallen, doch eines Tages platzte mir der Kragen. Ich ließ die am Paketschalter wartenden Kunden einfach stehen und bediente in aller Ruhe und mit besonderer Freundlichkeit nur die Kunden an meinem eigenen Schalter.

Als die beiden Tratscher endlich aus ihrem Kammerl in bester Laune heraus stolzierten, standen schon sechs Leute beim leeren Paketschalter und an meinem Schalter nur zwei. Daraufhin brüllte mich mein Chef vor allen Leuten an und fragte mich, wieso ich denn nicht die Kunden am Paketschalter bediene.

„Weil ich es satt habe, immer die Arbeit für zwei zu machen, während Sie in Ihrem Kammerl mit Herrn Zieglar tratschen!" sagte ich ebenso laut.

Daraufhin bekam mein Chef, ein etwa 40-jähriger untersetzter Mann mit spärlichem Haar und hervorquellenden Augen, einen bedrohlich roten Kopf und verschwand wortlos in seinem Kammerl. Herr Zieglar ging zu seinem Schalter, bediente seine Kunden und ich genoss das Gefühl des Triumpfs.

Dieses Gefühl hielt aber nicht lange an. Denn mein Chef bewirkte gleich nach diesem Vorfall, dass ich versetzt wurde und eine Zeit lang „Springer" sein musste. Das heißt, ich wurde fast jeden Tag einem anderen Postamt zugeteilt.

„Immer wenn du glaubst es geht nicht mehr, kommt von irgendwo ein Lichtlein her." war einer der ermutigenden Sprüche meiner lieben Mutter. Und so war es auch diesmal: Denn nach drei Wochen Springen wurde ich vom Direktor des Postverkehrsbüros in Wien angefordert, der ein großartiger Chef war, sowie der erste und wichtigste Mentor meines Lebens!

***

Du wirst dich vielleicht fragen, woher ein 18-jähriger Frischling den Mut hernimmt, seinen doppelt so alten Chef vor allen Leuten zurechtzuweisen. Doch da muss ich dich enttäuschen. Denn das war kein Mut, sondern das zwingende Ergebnis eines Programms.

Installiert wurde dieses Programm, als ich mich als 2-jähriger darauf kaprizierte, ausschließlich aus „meinem" Heferl zu trinken, das neben dem Hengel eine gelbe, glockenartige Blume zierte. Als mein Onkel Walter einmal versuchte, mir diesen „Unfug" auszutreiben, warf ich mich auf den Boden, strampelte und brüllte so lange, bis meine Oma mir das geliebte Heferl endlich gab.

95 % unseres Lebens
sind vorprogrammiert

Durch wiederholtes „Hochladen" wurde dieses Programm mit der Zeit immer mächtiger. Denn jedes Mal, wenn jemand versuchte, meine Selbstbestimmung zu sehr einzuschränken, fand ich einen Weg, mich machtvoll zu wehren.

Leider sind nicht alle Programme so hilfreich. Das Schuld- und Sühneprogramm z. B. kann zu einer echten Plage werden. Doch auch mein „Selbstbestimmungs-Programm" hat seine Schattenseiten. Denn es hat mich schon mehrfach zu völlig unnötigen Machtspielen verleitet, auf die ich nicht stolz bin. Doch nun zur Essenz des ersten großen Geheimnisses.

95 Prozent von all dem, was wir tun, wurde schon lange davor programmiert. Renommierte Persönlichkeiten wie Bruce Lipton und Louise Hay gehen davon aus, das 80 Prozent der Programmierung unseres Unterbewusstseins bereits in den ersten sechs Lebensjahren erfolgt und die restlichen 15 Prozent in der Schule.

Die Hauptverantwortung für die Art unserer Programme also kommt also der Familie und danach dem Kindergarten zu. Je freier wir uns in dieser Zeit entfalten können, desto genialer werden wir. Die Schule kann uns dann nicht mehr allzu viel schaden.

Das Universalgenie Leonardo da Vinci zum Beispiel wuchs als uneheliches Kind eines Notars nicht bei seinem Vater in Florenz auf, sondern bei seinen liebevollen Großeltern Antonio und Lucia in einer hübschen Landvilla in der 350-Seelen-Gemeinde Vinci (Italien).

„Leonardos Kindheit auf dem Land war geprägt von viel Freiheit. Er zeichnete viel, konnte in aller Ruhe durch die Landschaft stromern, mit Hunden und Katzen herumtollen. Er hatte alle Zeit der Welt, um Wolken zu betrachten, Vögeln nachzustellen, Eidechsen und anderes Getier zu fangen. Und ihn interessierte alles."

Die Lateinschule, in der damals Sprachen und Geisteswissenschaften unterrichtet wurden, blieb Leonardo als uneheliches Kind erspart.

Deshalb bezeichnete er sich später auch oft als „Schüler der Erfahrung" und als „Mann ohne Gelehrsamkeit", Latein brachte er sich selbst bei.

Schon bei den Interviews für mein Buch „Die 7 Geheimnisse der Reichen" kam ich zu dem Schluss, dass die Großeltern und die Natur der ideale Ort und die besten Lehrmeister für heranwachsende Kinder sind. Hier liegt der Schlüssel für eine echte Bildungsrevolution!

Nochmals zum Verständnis: Alle Menschen leben bzw. lebten zu 95 Prozent nach ihren, im Unterbewusstsein gespeicherten Programmen – auch große Genies wie Leonardo da Vinci und Wolfgang Amadeus Mozart. Der einzige Unterschied zwischen den Genies und uns „Normalsterblichen" ist die Art und Weise der Programme in der frühen Kindheit.

Genau deshalb können gute Wahrsager bis zu einem gewissen Grad die Zukunft eines Menschen vorhersagen. Sich brauchen nur die richtigen Fragen über unsere Kindheit zu stellen und die richtigen Schlussfolgerungen daraus zu ziehen.

Die Jesuiten entwickelten diese Technik bis zur Perfektion. Ihr lange Zeit geheim gehaltenes Werkzeug, das „Enneagramm", war und ist einer der Schlüssel ihres einzigartigen Erfolgs.

Das Wort „Programme" verwende ich hier als Zusammenfassung der Begriffe Glaubessätze, Bewertungen, Prägungen, Konditionierungen, Einstellungen, Vorstellungen und Erwartungen.

Wie sich ein Mensch verhält, wird aber nicht nur von seinen eigenen Programmen bestimmt, sondern auch von jenen seines Umfelds, den Verwandten, Freunden, Kollegen, Medien, etc. Zusammen bilden sie einen wesentlichen Teil unseres Unterbewusstseins.

Wind
5 %

bewusste
Entscheidungen

Wellen
95 %

unsere
Programme

Der Eisbergvergleich: Seine Richtung wird zu 95 % von den Wellen (unseren Programmen) bestimmt und nur zu 5 % vom Wind (unseren bewussten Entscheidungen).

„Wo bleibt dann der freie Wille?" wirst du jetzt vielleicht fragen. Die Antwort: Immer dann, wenn es uns gelingt, ganz im „Hier und Jetzt" zu sein, haben unsere Programme so gut wie keine Macht über unser Sein, Tun und Haben.

Außerdem können wir dann frei entscheiden, womit und auf welchem der drei möglichen Wege wir unser

Unterbewusstsein neu programmieren

1) sich verlieben – egal in wen oder was*
2) Hypnose (wirkungsvoll, aber einseitig)
3) Autosuggestion in jeglicher Form

Wenn du in nichts und niemanden verliebt bist und Hypnose aus gutem Grund nicht magst, bleibt nur die gute, alte Autosuggestion in ihrer unerschöpflichen, bunten Vielfalt.

*) mehr dazu auf Seite 26 ganz unten

Auf den Punkt gebracht geht es dabei immer nur um „Einbilden", um „Einreden" und/oder „Einüben" (© Josef Kirschner).

Hier nur ein paar Beispiele für Autosuggestion: Visualisieren (innerer Film), Affirmationen, Beten, Mantras, Rituale, Symbole, Mimik (Lächeln), Gestik, Haltung, Bewegungen, Spielen = so tun als ob – am besten während des Einschlafens, Schlafens und Aufwachens.

Denn während dieser Zeit ist unser Unterbewusstsein am besten programmierbar. Eine Danke-Mediation beim Einschlafen z. B. kann wahre Wunder vollbringen.

Am allerbesten aber ist eine radikale Änderung des Verhaltens und/oder des Umfeldes. Ein Musterbeispiel für ein radikale Verhaltensänderung ist die faszinierende Geschichte über „Die Heilung von Brustkrebs in einer Nacht" in meinem Buch „Die 9 Schlüssel zum Paradies".

Ein perfektes Beispiel für einen radikalen Ortswechsel ist die folgende Geschichte:

Jetzt gleich
ein neues Leben

Endlich war sein Zug angekommen. Gordon, ein etwa 14-jähriger, schmächtiger Knabe in einem karierten Baumwollanzug stieß die Waggontür auf und ließ zwei große braune Koffer die Stufen hinunter rumpeln. Erst danach stieg er selbst aus und sah sich um.

Als letztes von 12 Kindern war Gordon bei seinen Geschwistern immer nur der „Silly Boy" gewesen. Doch nun war er zum ersten Mal in seinem jungen Leben nicht mehr bei seiner Familie, sondern weit, weit weg von ihr.

Weil die beiden Koffer für den zarten Knaben ziemlich schwer waren, machte Gordon immer wieder eine kurze Rast zum Verschnaufen und um seine Arme und Hände auszuschütteln.

Doch nach etwa 10 Minuten Gehen und Schleppen sah er es schließlich. Noch etwa 200 Meter entfernt und doch schon so nah.

Das mächtige, dreistöckige Ziegelgebäude, das in den nächsten Jahren sein neues Zuhause sein sollte: sein Internat.

Die Gelenke schmerzten ihn und seine Hände brannten wie Feuer. Doch gleichzeitig spürte Gordon das berauschende Gefühl der Freiheit. Und urplötzlich hatte er eine Eingebung:

„Hier im Internat kennt mich niemand. Die Lehrer kennen mich nicht. Die Schüler kennen mich nicht. Also bin ich ab heute smart!"

Gordon war von diesem Moment an tatsächlich smart und hatte ein neues Leben! Und dieses Erlebnis inspirierte ihn offenbar auch zu seinem Beruf. Sein voller Name: Gordon Stokes.

***

*) Wenn du verliebt bist (egal in wen oder was), bist du auf einer höheren Bewusstseinsebene, auf der die Programme des Unterbewusstseins keine Macht haben. Du bist dann völlig frei und lebst nicht mehr nach den Wünschen und Ängsten deines Egos. Du lebst im Einklang mit jenem Menschen, jenem Objekt oder jener Aufgabe, in den/das/die du verliebt bist. Es ist die schönste Form von „Herzmagie".

Die Macht des Wasserkrugs

Linzer Schnitten, Kaffee und Schlagobers sind die Zutaten eines „Rituals", das Edeltraud und ich seit Jahrzenten zelebrieren. Dazu ein Krug Wasser und die Radio/CD-Fernbedienung, damit wir bequem die Musik auswählen können, nach der uns gerade zumute ist.

Doch an einem sonnigen Tag im Mai 2004 fing urplötzlich die Fernbedienung zu rauchen und dann zu brennen an! Reflexartig packte ich das brennende Ding und pustete das Feuer aus.

Während wir noch rätselten, was das Feuer wohl verursacht haben mag, schlängelte sich schon wieder eine neue Rauchfahne empor, und diesmal direkt von unserer Holztischplatte aus.

Und jetzt entdeckte ich auch den Übeltäter: Es war unser bauchiger Wasserkrug! Er fing das beim Fenster hereinströmende Sonnenlicht auf, bündelte es und lenkte es zu einem bestimmten Punkt auf unserer Tischplatte, die kurz darauf zu rauchen begann.

Diese wahre Geschichte veranschaulicht und enthüllt wie keine andere das machtvolle Wirken des zweiten großen Geheimnisses:

Die Energie folgt
der Aufmerksamkeit

Wir Menschen sind wie der Wasserkrug. Wir ziehen ständig eine von uns bestimmte Energie (die wirkende Kraft) an. Das erreichen wir mit Hilfe unserer (liebevollen oder angstvollen) Gedanken, Emotionen, Worte und Taten. Damit erschaffen wir ununterbrochen unser Leben und zum Teil auch jenes unserer Mitmenschen und aller anderen Mitgeschöpfe auf dem gesamten Planeten.

Wenn es sich um leichte Aufgaben handelt und niemand der Beteiligten Gegenabsichten hat, geht das manchmal unvorstellbar schnell, wie die folgende Geschichte beweist:

Ich will Volvo fahren!

Zum Dank für unser Engagement für die Neutralität Österreichs schenkte uns ein Fan im Herbst 1998 einen uralten, aber noch funktionstüchtigen, roten Volvo. Erst im Herbst 2000 kauften wir uns dann einen wesentlich jüngeren weißen Golf.

Da unser, damals 21-jähriger Sohn Dominik zwar schon einen Führerschein hatte, aber noch kein eigenes Auto, hatte Edeltraud die Idee, dass wir ihm den alten Volvo einfach schenken.

Also richtete ich eines Tages die Wagenpapiere und die Autoschlüssel her und rief dann meinen Sohn an. Da wir zu dieser Zeit alle im gleichen Haus wohnten, stand Dominik schon nach wenigen Minuten vor unserer Wohnungstür.

Edeltraud machte auf, gab ihm die Schlüssel samt Papiere und sagte lachend zu ihm: „Du kannst ihn jetzt zu Schrott fahren!" Dominik grinste, steckte die Sachen ein, und war schon wieder weg.

29

Anschließend rief er drei Freunde an und lud sie ein, mit ihm in seinem „neuen" Volvo zum UCI, einem großen Kino in der Shopping City Süd (SCS) zu fahren. Drei Stunden späten saßen die Vier schon im Auto und fuhren nach Süden.

Bei der SCS angekommen demonstrierte Dominik sein Fahrkönnen, indem er vor der Auffahrt kaum vom Gas weg ging, sondern mit zu hoher Geschwindigkeit in die Kurve fuhr.

Inzwischen hatte es aber zu regnen begonnen, und der Asphalt wurde immer schmieriger. So wurde der alte Volvo in der letzten Kurve zum Schlitten, krachte mit voller Wucht gegen die eiserne Leitplanke und verkeilte sich dort.

Den vier Burschen ist nichts passiert, aber das Auto war (wie von Edeltraud „befohlen") nur mehr Schrott. Nachdem mit der Polizei und dem Abschleppdienst alles geregelt war, ließen sich die Vier den Abend trotzdem nicht verderben und gingen noch ins Kino. Als dann in einer Filmscene jemand „Ich will Volvo fahren!" schrie, lachten sie aus vollem Hals, und keiner der Sitznachbarn wusste, warum.

Über den Waldweg ins Gehirn

Größere Vorhaben verwirklichen sich in der Regel nicht von heute auf Morgen. Dazu fehlt uns meist noch das erforderliche Vertrauen und das Fokussieren auf eine Sache. Die folgende Geschichte zeigt, wie große Vorhaben zunächst allein und dann im Team Wirklichkeit werden.

Als Edeltraud und ich am Wolfersberg in Wien 14 zuhause waren, fand ich im anschließenden Wald einen Rundweg, der einige Jahre lang meine Laufstrecke war. Eines schönen Tages war der Weg aber am Beginn des letzten Drittels durch das traurige Ergebnis einer Baumschlägerung total versperrt.

Also beendete ich meinen Waldlauf und ging querfeldein durch das Unterholz, sprang über einen kleinen Bach und erreichte schließlich wieder meine tägliche Laufstrecke.

31

Am nächsten Morgen lief ich eine andere Strecke. Doch die war bei weitem nicht so schön und gut zum Laufen wie mein alter Weg und außerdem um gut einen Kilometer länger. Trotzdem lief ich den schlechten, längeren Weg eine ganze Woche lang.

Jeden Morgen ärgerte ich mich über die Waldarbeiter, die ihre Arbeit nicht zu Ende gebracht hatten. Schließlich hatte ich aber kurz vor dem Aufstehen die rettende Idee: Ich mach mir einfach meinen eigenen Weg!

Also stand ich am nächsten Morgen früher auf, lief bis zur Sperre und begann dann meinen Weg zu „bauen". Ich räumte Steine, Äste und ganze Bäume weg. Das war anstrengend, aber auch befriedigend. Und nach einer Stunde war mein neuer Pfad so weit, dass ich mit etwas Konzentration darauf laufen konnte.

Am zweiten Tag räumte ich weitere Steine, Äste und morsche Bäume weg und wieder war mein neuer Laufweg ein wenig sicherer geworden.

Am dritten Tag übersah ich einen kleinen Baumstrumpf und machte einen so heftigen Bauchfleck, dass mir die Luft weg blieb. Also nahm ich am vierten Morgen einen leeren, weißen Joghurtbecher mit und stülpte ihn über den gefährlichen Mini-Baumstrumpf.

Am fünften Tag bemerkte ich, dass jetzt auch schon andere Waldbesucher – vor allem die Hundebesitzer – täglich „meinen" neuen Weg benutzten. Mit der Zeit entdeckten immer mehr Menschen, die davor den jetzt gesperrten Weg benutzt hatten, meinen neuen Weg.

Weil nach drei Wochen schon alle auf meinen neuen Weg gingen oder liefen, war aus dem anfänglich schmalen Pfad jetzt ein schöner Waldweg geworden, der so gut angelegt war, dass er auch nach der Aufhebung der Sperre von vielen Menschen täglich benutzt wurde.

Haargenau so geschieht es bei den meisten großen Vorhaben. Anfangs kann es ganz schön anstrengend sein, und meist bist du auch ganz allein damit. Nach und nach wird es dann aber immer leichter und schöner.

Und mit etwas Glück helfen dir auch andere dabei, bis du gemeinsam mit neuen Freunden dein Werk voll und ganz genießen kannst.

Bei jeder Form von Training – auch bei der Autosuggestion – geschieht das Gleiche in einem Teil deiner 70 Billionen Körperzellen und auch in deinem Gehirn. Zuerst wird dort ein schmaler Pfad angelegt. Daraus wird nach fleißigem Training ein Weg, dann eine Straße und schließlich eine Autobahn. Alle unsere Programme entstehen so!

Natürlich werden in unserem Gehirn keine Wege, Straßen oder Autobahnen gebaut, aber es entstehen deutlich sichtbare Veränderungen an den Nervenverbindungen – also nicht nur an der Software unseres Gehirns, sondern auch an der Hardware!

Je mehr (Selbst-) Vertrauen du hast und je besser du fokussieren kannst, desto schneller funktioniert es. Wenn du diese erstaunlichen Fakten erst einmal richtig verinnerlicht hast, dann kommst du unweigerlich zu dem faszinierenden Schluss: **Alles ist erreichbar!**

Kommunikation ist alles!

Eine großangelegte Feldstudie der Harvard Universität zeigt, dass Erfolg nur zu 15 % vom Fachwissen abhängt, aber zu 85 % vom Niveau der internen und externen Kommunikation!

Ein liebevoller inneren Dialog hilft uns, von Tag zu Tag immer freier (von Schuld und Angst) zu werden und auch dass unser Selbstbewusstsein ständig wächst.

Ein liebevoller innerer Dialog und genug Selbstbewusstsein sind die Voraussetzungen für eine gute externe Kommunikation. Diese hilft uns, Freunde und Partner zu gewinnen und zu behalten, unsere Kooperationsfähigkeit zu verbessern und dadurch immer mehr Harmonie, Spaß und Erfolg zu haben.

Die wichtigsten Werkzeuge dafür findest du in diesem Handbuch. Du kannst damit lernen und üben bis zur Meisterschaft! Du brauchst mir nichts von all dem zu glauben. Nutze sie einfach – und du wirst staunen!

Das
IDEALprogramm
Wie du immer gut drauf bist

„Liebe es, ändere es oder lass es los."
(Autor unbekannt)

Wenn wir gut drauf sind …

… macht alles mehr Spaß und gelingt viel leichter und schneller! Wenn wir schlecht drauf sind, geschieht das Gegenteil.

Warum aber sind wir einmal gut und einmal schlecht drauf? Gut drauf sind wir nur, wenn wir wirklich leben. Das Leben existiert aber nur im **Hier und Jetzt.**

Wenn uns die Vergangenheit „schuldig macht", die Gegenwart ärgerlich oder die Zukunft ängstlich, werden wir aber vom Leben getrennt. Und deshalb sind wir dann schlecht drauf.

Solange du kein Meister im „Wirklich da sein" bist, wird es immer wieder passieren, dass deine Emotionen bzw. deine Programme so lange die Kontrolle übernehmen, bis du wieder in der Gegenwart bist.

Ist das nur kurz, wird es in der Regel keine Probleme verursachen. Bleibst du aber immer wieder darin hängen, kann der Schaden ins Unermessliche wachsen.

Das IDEALprogramm

... enthält fünf leicht zu handhabende, bewährte Werkzeuge für den Alltag, mit deren Hilfe sich jeder sofort im Hier und Jetzt „verankern" kann und dadurch immer mit dem Leben verbunden bleibt. Einfach **immer wieder** aufzeichnen, aufschreiben, „einbilden" und „einreden" – das ist alles!

ICH BIN, DIE/DER ICH BIN.

DANKE! DANKE! DANKE!

ES IST, WIE ES IST.

ALLES IST MÖGLICH.

LIEBE IST.

Je öfter du die fünf **ANKER** benutzt, desto rascher kommst du in die Gegenwart zurück. Sie sind das einfachste, mir bekannte Mittel für mehr Harmonie, Spaß und Erfolg. Je häufiger du sie nutzt, umso glücklicher wirst du sein!

„Search for the Hero inside yourself …

… bis du den Schlüssel zu deinem Leben gefunden hast!" singt Cher so überaus treffend.

Was ist mein größter Schatz?
Was tue ich mit größter Begeisterung?
Wie möchte ich in Erinnerung bleiben?

Nimm dir ein Blatt Papier und beantworte diese drei Fragen so ehrlich wie möglich. Deine Antworten sind der Schlüssel zu deinem Leben! Jeder Mensch ist einzigartig. Auch du! Jeder Mensch ist imstande, Einzigartiges hervorzubringen, wenn er erst herausgefunden hat, was seine wahre „Lebensaufgabe" ist!

Der erste Schritt dazu ist ein „Drehbuch" zu einem inneren Film von einem wunderschönen Tag in deinem Neuen Leben, den du dir dann jeden Tag mehrmals im Geiste anschaust.

Der zweite Schritt ist ein phantasievoller Plan. Der dritte Schritt lautet: „Tu es!"

Wer kompromisslos seinen Traum lebt,
bringt die Mauern der Angst zum Einstürzen!

Ich bin, die (der) ich bin.

Das Pentagramm ist das Symbol
für den bewussten Menschen
im Hier und Jetzt.

Pentagramm
und zugehöriger „Zauberspruch"
stärken Selbstbewusstsein,
Selbstwert und Selbstvertrauen.

Wer es wagt,
seinen Traum zu leben,
hat das Glück bereits
in der Tasche ...

Mangel an Wertschätzung …

… ist die häufigste Ursache für jede Art von Mangel: Mangel an Geld, Mangel an Können, Mangel an Beziehungen, Mangel an Gesundheit, u.v.a.m.

„Gib aufrichtige Anerkennung!" lautet daher die erste der drei Erfolgsregeln aus Carnegie´s Weltbestseller „Wie man Freunde gewinnt", „Kritisiere, klage, verdamme nicht" die zweite.

Hast du gewusst, dass ein vierjähriges Kind täglich bis zu 500 Ermahnungen bekommt, aber nur 10 bis 15 Ermutigungen … Deshalb ist Kritik meist nicht nur sinnlos, sondern oft sogar kontraproduktiv!

Wer lernt, mit Kritik zu sparen und dafür reichlich aufrichtige Anerkennung und Wertschätzung zu geben, wird bald in jeder Hinsicht im Überfluss sein! Die Wertschätzung ist die Mutter der Fülle.

Trainiere deine Fähigkeit zur Wertschätzung, indem du einen „Reichtumskatalog" erstellst. Das ist ein Verzeichnis von Allem, was du besitzt, also auch deine Talente, dein Know-how und deine Beziehungen. Und dann schau dir diesen Katalog deines Reichtums jeden Tag an!

Danke! Danke! Danke!

Die Blume ist das Symbol
für Dankbarkeit
und Wertschätzung
gegenüber Allem und Jedem.

Blume
und zugehöriger „Zauberspruch"
stärken Reichtumsbewusstsein,
Ausgeglichenheit und
Zufriedenheit.

Aufrichtige, immerwährende
Dankbarkeit ist der Schlüssel zu
grenzenlosem Überfluss ...

Das Leben ist hier und jetzt

„Gibt es ein Leben nach dem Tod?" ist eine oft gestellte Frage. Eine viel zu selten gestellte Frage lautet: „Gibt es ein Leben VOR dem Tod?!"

Wer mit seinen Gedanken und Gefühlen ständig in der Vergangenheit oder in der Zukunft ist, der lebt nicht wirklich und ist alles andere als glücklich. Denn das wahre Leben ist nur HIER und JETZT!

Wenn wir eine Situation als angenehm empfinden, sind wir ja meist in der Gegenwart. Doch wenn es für uns „unangenehm" wird, führen uns Angst, Sorge, Ärger und Schuldgefühle in die Vergangenheit oder in die Zukunft. Dann sind wir vom Leben getrennt und fühlen uns plötzlich schlecht.

Doch die Gegenwart kann nicht geändert werden, nur die Zukunft können wir gestalten! Deshalb ist es LEBENSWICHTIG, das jeweilige IST einfach so liebevoll wie nur möglich ANZUNEHMEN – dann ist bald nichts mehr „un-angenehm".

Und wen die Vergangenheit oder Zukunft nicht und nicht loslassen will, der meditiert am besten immer wieder den Satz *„ES GIBT EINE LÖSUNG!"*

Es ist, wie es ist.

Der Smiley ist das Symbol
für die heitere Gelassenheit
im HIER UND JETZT

Smiley
und zugehöriger „Zauberspruch"
entziehen allen Ängsten und Sorgen,
Ärgernissen und Schuldgefühlen
blitzschnell die Energie.

Wer aufhört zu urteilen,
hat den Schlüssel zum Paradies ...

Gib, was du haben willst

1998 stand ich, der für fünf Personen zu sorgen hatte, plötzlich ohne Geld da – bis auf 200 Schilling ... Da redete mich ein Obdachloser an und bat mich um 50 Schilling: „Ich hab heute noch nichts gegessen!" Ich gab ihm spontan das Geld und bekam kurz danach völlig unerwartet 5.000 Schilling – und binnen 14 Tagen weitere 50.000 !! Die ganze kuriose Geschichte findest du in meinem Buch „Die 9 Schlüssel zum Paradies".

„Was wir sähen, das ernten wir." lautet eines der universellen Gesetze des Lebens, das Gesetz von URSACHE UND WIRKUNG. Ein Bauer, der im Frühling der Erde, der Sonne und dem Wetter 1.000 Weizenkörner anvertraut, wird im darauffolgenden Herbst bis zu 35.000 Weizenkörner ernten!

Wir ernten mit jedem Tag mehr Liebe, Freiheit und Frieden, wenn wir täglich an unserer Herzensbildung arbeiten, indem wir uns z. B. jeden Abend folgende vier Fragen stellen: Was habe ich heute gut gemeistert? Wofür bin ich heute dankbar? Was durfte ich heute lernen? Und was habe ich morgen vor? Mehr dazu im nächsten Abschnitt.

Alles ist möglich.

Die Spirale ist das Symbol
für die ständige Weiterentwicklung
des ewigen Lebens.

Spirale
und zugehöriger „Zauberspruch"
erweitern unsere Grenzen und
helfen uns, das scheinbar Unmögliche
zu erreichen.

Ängste und Zweifel
verfliegen dann im Nu
und weichen der Macht
unseres Traums ...

47

„Liebe, Liebe, Liebe, Liebe …

… das ist die Seele des Genies!" schrieb einst Wolfgang Amadeus Mozart, „All you need ist love" singen die Beatles, „ … und bring die Liebe mit von meinem Himmelsritt!" beruhigt uns Codo. Und Erich Fried beschrieb die Liebe mit diesem Gedicht:

Es ist Unsinn, sagt die Vernunft
Es ist, was es ist, sagt die Liebe

Es ist Unglück, sagt die Berechnung
Es ist nichts als Schmerz, sagt die Angst
Es ist aussichtslos, sagt die Einsicht
Es ist, was es ist, sagt die Liebe

Es ist lächerlich, sagt der Stolz
Es ist leichtsinnig, sagt die Vorsicht
Es ist unmöglich, sagt die Erfahrung
Es ist, was es ist, sagt die Liebe

Liebe ist das unbeschreibliche Erlebnis des Eins-seins. Und bei Allem, was wir im Leben tun oder lassen, geht es in Wahrheit immer nur um Liebe! Für alle Menschen, die ähnlich denken, wurde dieses Buch gemacht – als ständiger Wegbegleiter in Richtung mehr Liebe, Freiheit und Frieden.

Liebe ist.

Das Herz ist seit Urzeiten
das bekannteste Symbol
für die Liebe.

Herz
und zugehöriger „Zauberspruch"
öffnen jede Tür und jedes Tor.

Die Zeit ist reif.
Setzen wir ein Zeichen:

Goldenen Herz-Pin anfordern,
anstecken und darüber reden!

Die 5 Dreifach-Anker auf einem Blick

Es gibt Bild-, Wort- und Haltungsanker. Finde selbst heraus, welche Arten davon deinem Kommunikationstyp am besten entsprechen. Hier nochmals die fünf Bild- und Wortanker ergänzt mit möglichen Körperhaltungen:

Worte: Ich bin, die (der) ich bin.
Haltung: Aufrecht stehen, Beine gegrätscht, Arme über dem Kopf breit auseinander.

Worte: Danke! Danke! Danke!
Haltung: Aufrecht stehen, Hände vor der Brust flach gefaltet, Unterarme waagrecht.

Worte: Es ist, wie es ist.
Haltung: Aufrecht stehen, Handflächen empfangsbereit seitlich nach vorne halten.

Worte: Alles ist möglich
Haltung: Beine geschlossen, Arme seitlich waagrecht mit den Handflächen nach oben.

Worte: Liebe ist.
Haltung: Aufrecht stehen, rechte Hand auf die Brust, linke Hand auf den Bauch.

Glück oder Unglück
– wer weiß's?

Vor langer, langer Zeit ordnete der Kaiser von China an, dass seine Untertanen zum Schutz vor den immer wieder ins Reich der Mitte einfallenden Mongolen eine lange, hohe Mauer bauen sollen. In dieser Zeit lebte in einem kleinen Dorf auch ein alter Bauer mit seinem Sohn.

Seine ganze Habe bestand aus einem kleinen Stück Land, einem kleinen, baufälligen Haus und einem alten Ackergaul. Seine Frau war schon vor langer Zeit gestorben, sodass der alte Mann nur mehr einen Verwanden in seiner Nähe hatte: seinen etwa 20 Jahre alten Sohn.

Eines schönen Morgens war der alte Bauer wieder einmal zeitig in der Früh aufgestanden, um mit seinem jungen Sohn und dem alten Pferd ein Feld zu pflügen. Doch der Gaul war nicht mehr in der Koppel, und deren Tor stand weit offen. Es wurde offenbar am Abend vergessen, das Tor zu schließen und zu verriegeln.

51

„So ein Unglück!" bedauerten die Nachbarn den Bauern. „Was sollen die beiden jetzt ohne Pferd tun? Der Bauer ist schon alt und sein Sohn bestimmt nicht kräftig genug, die Felder ohne Pferd zu bestellen. Was für ein Unglück!"

Der alte Bauer aber ließ sich nicht von dem Gejammer der anderen beeindrucken, sondern sagte nur: „Glück oder Unglück – wer weiß's?"

Als die Sonne am nächsten Tag den Himmel orangerot färbte, trat der Sohn des Bauern vor die Haustür und blieb wie angewurzelt stehen: Der alte Gaul war zurückgekommen!

Und er war nicht allein, sondern hatte sieben junge Wildpferde mitgebracht, die ihm bis in die Koppel gefolgt waren! Blitzschnell machte der Sohn das Tor zu und verriegelte es. Erst dann rief er seinen Vater.

„Was für ein Glück!" riefen die anderen Bauern. "Jetzt hat er acht Pferde und kann ein viel größeres Land bestellen! Er ist nun der reichste von uns allen. Was für ein Glück!" Doch der alte Bauer erwiderte abermals: „Glück oder Unglück – wer weiß's?"

Am Tag darauf sattelte der Sohn des Bauern eines der Wildpferde, um es zuzureiten. Doch schon nach wenigen Minuten warf ihn das Pferd in hohem Bogen ab. Der junge Mann stürzte unsanft zu Boden und brach sich ein Bein.

„So ein Unglück!" jammerten die Nachbarn erneut. Was nützen ihm jetzt die acht Pferde. Ohne die kräftigen Beine und Arme seines Sohnes wird der alte Mann verhungern. Was für ein Unglück!" Und wieder ließ sich der alte Bauer nicht verunsichern, sondern sagte nur: „Glück oder Unglück – wer weiß's?"

Drei Tage später kamen die Werber der kaiserlichen Armee und nahmen alle jungen Männer mit, die zum Dienst mit der Waffe tauglich waren. Der Sohn des alten Bauern war nicht dabei und durfte bei seinem Vater bleiben.

„Was für ein Riesenglück!" riefen die anderen Bauern. „Du bist der einzige im Dorf, der seinen Sohn behalten durfte! In ein paar Wochen wird er wieder gehen und dir bei der Arbeit helfen können. Was für ein Glück für dich!" Doch der alte, weise Bauer sagte auch diesmal die Worte, die er schon so oft gesagt hatte: „Glück oder Unglück – wer weiß's?!"

Ja, du kannst es!
Wie du den Erfolg
zur Gewohnheit machst

*„Ob du nun denkst, du kannst es
oder du kannst es nicht. Du wirst
in jedem Fall Recht behalten.*
(Henry Ford)

Was Hänschen
nicht lernt ...

Während einer Tanzveranstaltung wollte der kleine Thomas zum Trio jenseits der Tanzfläche und dort - einmal bloß! - am Kontrabass zupfen. Er traute sich nicht, fragte den Papa. Der führte ihn nicht etwa an der Hand zu den Musikern, sondern sagte:

„Selbstverständlich kannst du hingehen. Sagst, du bist der Sohn vom Rechtsanwalt Gottschalk und willst am Bass zupfen, na wird er dich schon lassen."

Derart seelisch ermutigt, überquerte der Knirps die weite Tanzfläche, tat, was der Vater gesagt hatte, zupfte am Bass und kehrte nach glücklichem Gelingen in die väterliche Sicherheit zurück. Probe bestanden. Kein Parkett der Welt würde ihn je wieder ängstigen!

„Was Hänschen nicht lernt, lernt Hans nimmermehr!" lautet ein altes Sprichwort. Wahr ist, dass es Hans nicht mehr „spielend" lernt, sondern oft erst lange trainieren muss, um das Gleiche zu erreichen.

Thomas Gottschalk wurde schon früh und sehr oft von seinem Vater liebevoll **ermutigt,** seine kindliche Komfortzone zu verlassen und sich ins Abenteuer „Leben" zu stürzen.

Das Ergebnis: Thomas wagte das Abenteuer immer wieder neu – bis hin zum ganz großen Spaß und Erfolg, der ihn heute sagen lässt: „Ich habe immer Glück gehabt!"

Hat er das wirklich? Natürlich nicht! Auch er hatte etliche Hürden zu nehmen. Und er ist auch mehrfach über sein lockeres Mundwerk (sein größtes Talent!) gestolpert und hinge-fallen. Aber er ist niemals liegen geblieben, sondern immer wieder aufgestanden!

Thomas Gottschalk hatte Glück, so einen Vater zu haben – die meisten Menschen haben das nicht. Unabhängig davon enthält diese rührende Geschichte aus der Biographie „Thomas Gottschalk" von Gert Heidenreich eine perfekte Anleitung zu täglich mehr Selbstbewusstsein, Spaß und Erfolg im Leben.

Zusammengefasst sieht die hier analysierte „Gottschalk-Strategie" wie folgt aus:

1) **Wähle eine optimale Herausforderung.**

2) **Hole oder mach dir Mut und entscheide.**

3) **Mach einen Plan und beginne!**

4) **Tu es und lerne (nicht: „versuche es").**

5) **Erreiche dein Ziel und freu dich darüber.**

Nichts macht erfolgreicher als der Erfolg!

„Und wenn es nicht gleich gelingt?" Dann hattest du entweder zu wenig Mut, zu wenig Können oder einen schlechten Plan.

„Jeder Fehler ist ein Geschenk, wenn man daraus lernt" bemerkten der Fußballstar Hans Krankl und der Großindustrielle Dr. Hannes Androsch ganz unabhängig voneinander.

Denn auch mit jedem „Lernerfolg" (und nicht „Misserfolg"!) wächst unser Selbstbewusstsein!

Und damit automatisch auch unser Spaß und Erfolg im Leben! Die wirklich erfolgreichen Menschen arbeiten nicht viel mehr als der Durchschnitt, doch sie sind „fehlerfreudiger" und lernen schneller.

Das Glückskarussell

Das Leben ist ein „Glückskarussell". Es gibt drei Möglichkeiten, wie du damit fährst: Erstens **immer im Kreis** – das machen die meisten.

Zweitens **die Abwärtsspirale**, auf die du dich unweigerlich begibst, wenn du immer nur den anderen die Schuld an deinem Scheitern gibst – das tun die Armen.

Und drittens **die Aufwärtsspirale**, den Weg der Eigeninitiative und Eigenverantwortung – den gehen die Reichen. Wie das genau funktioniert, zeigt das **Flow Diagramm** auf der nächsten Seite.

---

1) **IDEE aufschreiben**
2) **ZIEL definieren**
3) **PLAN erstellen**
4) **Das Geplante TUN**
5) **Das ERGEBNIS wahrnehmen**
6) **und SELBST BEWERTEN**
7) **LERNEN, sowie Plan, Können und Tun so lange verbessern, bis die Idee VER-WIRKLICHT ist oder losgelassen wird**

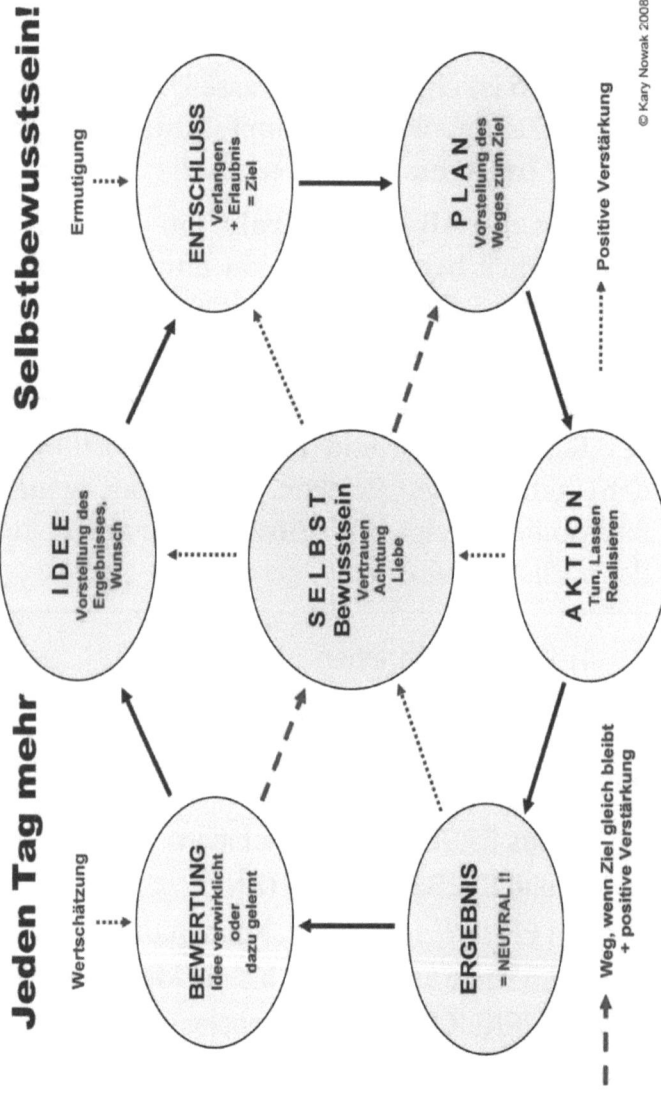

Vom Fernfahrer zum Film-Idol

Als der Fernfahrer und Hobbyboxer noch völlig unbekannt war, war es sein großer Traum, ein berühmter Schauspieler zu sein (IDEE). Deshalb entschloss er sich (ZIEL), jeden Tag zu zwei, drei Agenten zu gehen (erster PLAN), insgesamt zu weit über 1.000 (TUN). Doch keiner der Agenten wollte ihn haben (erstes ERGEBNIS + LERNERFOLG).

Daraufhin schrieb er das Drehbuch für seinen ersten Film (NEUER PLAN) und machte sich erneut auf den Weg (TUN). Einige Produzenten waren sofort begeistert und wollten ihm das Drehbuch für viel Geld abkaufen - doch ohne ihn als Hauptdarsteller. Also lehnte er ab und machte weiter.

Schließlich fand er einen Produzenten, der fast pleite war und ihm nur 15.000 $ für sein Drehbuch geben konnte, aber ihn auch als Schauspieler haben wollte - für ein Prozent der ungewissen Einnahmen (zweites ERGEBNIS = ZIEL ERREICHT). Der Film hieß „Rocky" und der unbekannte Fernfahrer Sylvester Stallone. Der Rest ist Geschichte.

Das ultimative Erfolgsrezept

Der Selfmade-Milliardär **Frank Stronach** (Magna) und der Millionen-Bestsellerautor **Josef Kirschner** („Die Kunst, ein Egoist zu sein") verrieten mir unabhängig voneinander ihr persönliches Erfolgsrezept:

„Finde heraus, was du am besten kannst und was dir am meisten Spaß macht und tu dann alles, um darin der/die Beste zu werden."

Um herauszufinden, was das ist, stellst du dich einfach einer **optimalen Herausforderung** nach der anderen. Das sollte eine neue Aufgabe sein, die nicht zu leicht und nicht zu schwer für dich ist. Damit wirst du optimal gefordert und deshalb meistens Erfolg haben!

Und damit du nach ein paar „Misserfolgen" (= Lernerfolgen) nicht gleich aufgibst, machst du jeden Abend ein paar einfache, mentale Fitness-Übungen, die dem neuesten Stand der **Gehirnforschung** voll und ganz entsprechen. Mehr dazu auf der nächsten Seite.

Dein tägliches Mentaltraining

Kauf dir noch heute ein hübsches Tagebuch und beantworte dir darin jeden Abend die folgenden vier Fragen:

1) Was ist mir heute gut gelungen?
2) Was durfte ich heute geben und nehmen?
3) Was durfte ich heute lernen?
4) Was habe ich morgen vor?

Mit diesen einfachen Fragen und Antworten trainierst du dein Gehirn genau so intensiv wie jemand seine Muskeln im Fitness Center!

Mit jeder Frage und jeder Antwort, die du in dein **„Erfolgsjournal"** schreibst, vermehren sich ständig die Verbindungen zwischen den Gehirnzellen jener Hirnregion, in der dein „SELBST" wohnt.

So wachsen mit jedem Tag deine mentale Fitness, dein Selbstbewusstsein, dein Selbstvertrauen und dein Vertrauen in das Leben!

Warum ist das so? Erstens, weil du damit täglich trainierst, **für Alles**, was du erlebst aufrichtig **dankbar zu sein** – das Fundament jedes glücklichen und erfolgreichen Lebens!

Zweitens, weil du damit täglich trainierst, wie du Fehler, Irrtümer und Misserfolge (Vorsicht Selbstabwertung) gekonnt **in Lernerfolge umwandelst!**

Und drittens, weil du damit täglich trainierst, deine eigenen Ideen, **Träume**, Wünsche und Ziele selbst zu **verwirklichen!**

Die berühmten vier Fragen haben bereits das Leben von Tausenden positiv verändert. Bei dir wird es nicht anders sein.

Jede Verbesserung der **Vorstellungskraft**, unseres **Lernvermögens** und unseres **Selbstbewusstseins** führt automatisch zu einem ganzheitlich besseren Leben!

Alles, was wir jemals an Beziehungen, Fitness und Gesundheit, Können, Einkommen und Vermögen erreichen, wird primär vom Niveau dieser **drei Eigenschaften** bestimmt.

Der Wind weht für alle Menschen gleich.
Doch mit diesen drei Freunden segeln wir auch gegen den Wind erfolgreich!

In dem kleinen harten Kripplein

Dezember 1947: In Sibirien fallen die Temperaturen auf minus 52 Grad. Schwere Schneestürme über Österreich führen zu Störungen im Transportverkehr. Aus den USA treffen täglich 100 000 Weihnachtspakete für Europa ein und US-amerikanische Besatzungssoldaten veranstalten überall in Deutschland Weihnachtsfeiern für Kinder.

An eine Weihnachtsfeier mit US-Besatzern kann ich mich nicht erinnern, wohl aber an die turbulenteste Adventzeit meines Lebens. Denn mein Vater war auf die grandiose Idee gekommen, mir – dem damals 4-jährigen Karli – ein 14 Strophen langes Weihnachtsgedicht zu lernen: „In dem kleinen harten Kripplein".

Mein Vater gab sich jedoch nicht damit zufrieden, dass ich das endlos lange Gedicht „nur" auswendig konnte und es dann – so wie die meisten Kinder in meinem Alter – einfach so herunterleierte.

Nein, er zeigte mir mit Engelsgeduld immer wieder vor, wie ich es mit dem Variieren meiner Stimme (leise – laut, schnell – langsam, hoch – tief, etc.) und all meiner kindlich, herzigen Gestik und Mimik vortragen sollte.

Nach unzähligen Wiederholungen war ich schließlich trotz meines zarten Alters ein echter Vortragskünstler geworden. Doch das war erst der Anfang vom Spiel, denn dem Lernen und Üben folgten dann jede Menge Auftritte vor der ganzen Familie und schließlich auch öffentlich in allen Wirtshäusern, die mein Vater kannte.

Mein Vater stellte mich einfach auf den Wirtshaustisch und ließ mich dort meine Show abziehen. Und jedes Mal war die Mehrheit der Wirtshausgäste total begeistert, was sie mit begeistertem Applaus und kleinen Geschenken zum Ausdruck brachten.

Erst viel später habe ich dann oft darüber nachgedacht, was meinem Vater wohl so motiviert haben mag, dass er sich so viel Zeit für mich genommen hatte wie später in meinem ganzen Leben nicht mehr.

3 Wege zum Glücklichsein ♥ www.karys-storys.at

Am ehesten war es wohl der Stolz über seine Leistung als Trainer. Vielleicht war er aber auch stolz, einen Sohn zu haben, der schon mit vier Jahren – so wie er – ein ganzes Gasthaus unterhalten konnte.

Wie auch immer. Auf jeden Fall lernte ich durch sein Engagement schon sehr früh, ohne Scheu und mit Begeisterung vor vielen Menschen zu reden und auch zu singen. Und das ist ein Schatz fürs ganze Leben, dessen Besitz ich vor allem meinem Vater verdanke.

Reden und Singen vor vielen Menschen ist also eine Fähigkeit, die ich seit langem richtig gut beherrsche und die mir auch großen Spaß macht. Deshalb habe ich im Sommer 1970 an einem Talente-Casting des ORF teilgenommen, wo mir dieses auch von Profis bestätigt wurde:

Der Haken: Mir wurde nahegelegt, erst mal ein paar Jahre durch die mit Rauchschwaden vernebelten Nachtlokale zu tingeln. Doch das war für mich als geborenem Morgenmenschen und überzeugtem Nichtraucher ein absolutes No-Go = eine starke, offene Gegenabsicht.

One-Night-Stand

Eva, eine hübsche junge Frau Ende 30 hatte der Karriere zuliebe schon über ein Jahr lang keinen Mann mehr in ihrem Bett, aber eine immer größere Sehnsucht danach.

Als der berufliche Alltagsstress ein wenig nachgelassen hatte, zog sie ein rotes, enges Kleid mit weitem Ausschnitt an, das ihre weiblichen Rundungen bestens zur Geltung brachte und wagte sich in ein, ihr schon von früher bekanntes Tanzlokal.

Dort angekommen zog sie sofort die Blicke der Männer an wie ein Magnet. Einer nach dem anderen sprach sie an, lud sie zu einem Drink ein oder zu einem Tanz.

Nach einer Weile Trinken, Flirten und Tanzen hatte sie ihren Wunschmann gefunden und beschloss, ihm mit sich nach Hause zu nehmen. Daher verließen sie rasch das Lokal, stiegen in ein Taxi und Eva nannte dem Fahrer die Adresse ihrer Wohnung.

Doch kaum hatte sie das getan, fiel ihr plötzlich ein, dass sie ihr breites französisches Bett schon eine Ewigkeit lang nicht mehr frisch bezogen hatte! Und das war ihr so peinlich, dass ihr augenblicklich jegliche Lust auf Sex verging.

Und ehe ihr Begleiter auch nur annähernd begriff, was ihren plötzlichen Stimmungswechsel verursacht haben mag, stand er auch schon auf der Straße und schaute verdutzt dem davonbrausenden Taxi nach.

***

Dass Eva darauf „vergessen" hatte, ihre schmutzige Bettwäsche zu wechseln, war kein Zufall, sondern die automatische Manifestation einer verborgenen Gegenabsicht.

Wenn dir also etwas wirklich wichtig ist, dann verhalte dich so wie jemand, der ein Omelett essen will. Lass die Pfanne mit Fett ein und bereite dann alle Zutaten vor.

Alles was du tust oder unterlässt, das nicht diesem Ziel entspricht, gefährdet deinen Erfolg.

Vom Ich zum WIR

Wie du Freunde + Partner
gewinnst und behältst

„Gib, was du haben willst."
(Kary Nowak)

Ein Spiel, bei dem alle gewinnen

Stell dir vor, du bist Teil einer großen Familie. Und jeder in dieser Familie ist ehrlich daran interessiert, dass du deinen ganz persönlichen Weg findest, gehst und damit glücklich wirst.

So wie du daran interessiert bist, dass auch die anderen ihr ganz persönliches Glück finden. All das ist möglich. Mehr noch: Das gibt es bereits! Und vielleicht sogar ganz in deiner Nähe.

Wenn du etwas erreichen willst, das du noch nie erreicht hast, wirst du etwas tun müssen, das du noch nie getan hast. Dafür wirst du dich dann bald wohler in deiner Arbeit fühlen oder eine neue, viel bessere Aufgabe finden.

Du wirst deine Freundschaften mehr genießen und neue Freundschaften schließen. Und auch deine partnerschaftlichen Beziehungen werden eine neue Dimension erreichen.

Es ist ein Spiel, bei dem alle gewinnen!

Das Geheimnis
des Busfahrers

Es war kurz nach 6 Uhr morgens, als ein kleiner, ca. 50-jähriger Mann mit Mittelglatze und grauen Kotletten vor meinem Schreibtisch stand. Es war der Busfahrer Johann Kienmayer, den ich als Direktor-Stellvertreter des Postverkehrsbüros Wien wegen wiederholter Verstöße gegen die Dienstvorschrift ermahnen sollte.

Nach übereinstimmenden Beschwerden von drei Fahrgästen verließ Kienmayer regelmäßig die vorgeschriebene Fahrtstrecke, um einzelne Fahrgäste bis vor die Haustür zu bringen.

„Warum machen Sie das?" fragte ich den Busfahrer, nachdem ich ihn über die möglichen Konsequenzen seines Verhaltens aufgeklärt hatte. Kienmayer schaute mich unterwürfig an und sagte dann kleinlaut mit gesenktem Blick:

„Na, wenn es finster ist, da kann ich die Frauen doch nicht allein nach Hause gehen lassen!"

„Die Frauen?" fragte ich „Welche Frauen?"
„Na, meine Freudinnen!" antwortete er.

„Ihre Freundinnen?" fragte ich ganz verblüfft.
„Wie viele Freundinnen haben Sie denn?"

Der Mann war 10 cm kleiner als ich, doppelt so alt und hatte kaum mehr Haare, dafür aber gleich mehrere Freundinnen?! Ich hingegen hatte schon drei Jahre lang gar keine!

„Sechs sind es derzeit." sagte Kienmayer etwas verlegen, und ich war noch mehr verblüfft. Dass ich ihn ermahnen sollte, hatte ich inzwischen ganz vergessen. Mich interessierte nur mehr, was der Mann hatte oder machte, um sechs Freundinnen gleichzeitig zu haben.

„Das ist beachtlich!" sagte ich schließlich anerkennend. „Verraten Sie mir das Geheimnis, wie sie das anstellen?" Der Busfahrer dachte kurz nach und sagte dann kurz und schmerzlos:

„I quatsch jede an!" (Das Gesetz der Quote)

Alle guten Frauen sind drei

So einfach dieses Rezept auch war, für mich war es unbrauchbar. Denn erstens gefiel mir nicht jede und zweitens war ich damals gegenüber Frauen noch ziemlich schüchtern. Ich brauchte daher noch weitere drei Jahre, um zu einer Freundin zu kommen – und das geschah so:

Mit 26 fuhr ich mit zwei Freunden nach Kroatien ans Meer. Ulli war 24 und Walter 22. Auf der Fahrt entlang der steilen Küste gabelten wir drei junge Amerikanerinnen auf und fuhren mit ihnen bis Dubrovnik. Maggy, die älteste hatte rote Haare, Barb, die mittlere, war blond und Sandy, die jüngste, pechschwarz.

Es war ein Riesenspaß mit den drei Mädchen, doch viel mehr wurde nicht draus. Denn erstens passte Maggy ständig auf, dass die beiden jüngeren „keinen Blödsinn" machen und zweitens hatten wir drei es einfach nicht drauf.

Auf der langen Fahrt nach Hause kam mir dann die rettende Idee: „Wir gehen zu dritt in eine Tanzschule! Dort gibt es doch jede Menge Mädchen und junge Frauen. Da wird doch wohl auch für uns eine Passende dabei sein!"

Gleich nachdem wir wieder in Wien waren, meldeten wir uns daher zu einem Anfängerkurs in der Tanzschule Wagner am Fleischmarkt an. Dass wir das übliche Tanzschulalter schon weit überschritten hatten, spielte keine große Rolle, da wir alle wesentlich jünger aussahen.

Walter fand keine Freundin, sie fanden ihn. Zwei von ihnen waren so hartnäckig, dass sie ein Jahr lang um ihn buhlten, bis eine der beiden aufgab und die andere ihn heiratete.

Ulli fand relativ bald eine fixe Tanzpartnerin, aber mehr wollte sie nicht. Nur ich fand keine, die mir gefiel und auch frei war. Unabhängig davon fasste ich damals den Beschluss, in der Tanzschule meine Frau fürs Leben zu finden – egal wie lange es auch dauern würde.

Doch schon nach der zweiten Woche geschah etwas Seltsames: Eine der jungen Frauen, die bis vor kurzem einen fixen Partner hatte, kam auf mich zu und fragte mich, ob ich mit ihr das Silberabzeichen machen möchte.

Ihr Tanzpartner hatte sich das Bein gebrochen. Das war für sie aber kein Grund, gleich aufzugeben. Also wandte sie sich an mich. Weil Tanzen aber in jedem Fall etwas Erotisches ist, ganz besonders beim langsamen Walzer und beim Tango, wurden wir beide nach einigen gemeinsamen Balleröffnungen ein Paar.

Kaum hatte meine Partnerin das von ihr so heiß begehrten Silberabzeichens in der Hand, stellte sich zu meiner großen Verblüffung heraus, dass ihr erster Tanzpartner auch ihr Verlobter war. Und weil er um einiges mehr zu bieten hatte – zum Beispiel einen schicken Sportwagen – ging unsere Beziehung kurz und schmerzlos zu Ende.

Da ich aber beschlossen hatte, hier meine Frau fürs Leben zu finden, machte ich einfach weiter und meldete mich zum nächsten Tanzkurs an.

Im zweiten Jahr hatte ich einen großen Vorteil: Ich konnte schon tanzen, die anderen nicht. Es ging daher sehr schnell, meine Tanzpartnerin zu finden und mit ihr – einem 18-jährigen, sehr schlanken Mädchen – intim zu werden.

Da ich – oh Schande – noch immer im Hotel Mamma logierte, bat ich einen Freund, mir für eine Nacht seine Wohnung zu überlassen. Das klappte vorzüglich. Doch als meine neue Flamme ihn kennenlernte, ging sie – oh Schock – am nächsten Tag auch gleich mit ihm ins Bett.

Für sie war das ganz normal, wie sie mir später erklärte. Denn ihre Suche nach dem richtigen Mann begann eben im Bett. Unabhängig davon ermutigte sie mich, in die Privatwirtschaft zu gehen – was ich ein Jahr später auch tat.

Weil das alles mitten in der Ballsaison geschah und Frau Nr. 2 weg war, durfte ich mit einer unglaublich süßen Siebzehnjährigen mit schwarzem Wuschelkopf und großen, dunklen Augen einige Bälle eröffnen. Doch mehr wurde daraus nicht. Also stand ich wieder am Anfang.

Im dritten Tanzschuljahr ging alles sehr schnell. Ich hatte mir eine eigene, kleine Wohnung gemietet, einen neuen, viel interessanteren und auch besser bezahlten Job, eine sonnenbraune Haut vom meinem Meerurlaub und ein Selbstvertrauen wie schon lange nicht.

Mit all dem ausgerüstet betrat ich das Parkett der Tanzschule und sah sie sofort: Ein blutjunges Mädchen mit großen braunen Augen, dunkelbraunen Haaren und einem strahlendem Lächeln in einem schlichten, roten Kleid.

In dem großen Kreis, den wir am Anfang des Kurses immer bildeten, stand sie mir genau gegenüber. Deshalb ging ich gleich nach der Aufforderung mit großen, raschen Schritte auf sie zu und stellte mich vor. Sie strahlte mich an, und ab diesem Moment waren wir ein Paar!

Es war die berühmte Liebe auf den ersten Blick! Wir waren sofort ein Herz und eine Seele. Alles andere trat in den Hintergrund, alle Widerstände schmolzen dahin wie der Schnee in der Sonne – und so war es fast sieben Jahre lang.

Nach drei Jahren Flitterwochen gaben wir uns das Ja-Wort und feierten nochmals drei Jahre lang. Doch an einem sonnigen Sommertag des siebenten Jahres änderte sich plötzlich alles.

Durchgebrannt

Denn als ich nach der Arbeit nach Hause kam, lag da ein weißer Zettel, auf dem nur fünf Worte standen: „Bin weg. Komme nicht zurück. E."

Was diese Botschaft damals in mir auslöste und was ich dann alles unternahm, um wenigstens ein paar Worte mit meiner geliebten E. zu reden, ist zu intim, um veröffentlicht zu werden.

Entscheidend ist nur, dass mir nach etwa drei Wochen einer meiner Mitarbeiter ein schlichtes Prospekt in die Hand drückte, auf dem folgendes stand: „Dale Carnegie Kurs – Wie Sie in 13 Wochen ein neuer Mensch sind".

„Ja, das brauchen wir jetzt!" dachte ich, und schon hatte ich die rettende Idee: Ich bat E., unserer Liebe eine zweite Chance zu geben und gemeinsam diesen Kurs zu besuchen.

Sie war nicht gerade begeistert, willigte aber schließlich ein. Und schon während der ersten drei Kurswochen wurden uns immer klarer,

- was wir alles (nicht) getan hatten, bis es schließlich nicht mehr funktionierte,
- dass die Mehrzahl der Kursteilnehmer viel größere Probleme wälzten und
- dass keiner im Kurs auch nur annähernd so eine Beziehung hatte wie wir.

Ergebnis: Wir sind am 1.10.2019 48 Jahre lang zusammen, haben drei erwachsene Kinder und zwei Enkelkinder. Und die meisten Weisheiten dieses Kapitels verdanken wir diesem Kurs. Die drei Grundregeln aus dem Bestseller „Wie man Freunde gewinnt" von Dale Carnegie lauten:

1) Gib aufrichtige Anerkennung!
2) Kritisiere, verdamme, klage nicht (KVK).
3) Erwecke lebhafte Wünsche! (ermutigen)

Dass wir mit Anerkennung, Wertschätzung und Dankbarkeit Freunde gewinnen, ist klar. Dass wir sie mit Kritik verlieren, liegt an den vielen alten Verletzungen durch abwertende Kritik.

Nur in zwei Fällen ist Kritik hilfreich: Erstens wenn jemand deine Selbstbestimmung verletzt. Dann sagst du z.B. „Ich mag dich Franz. Doch ich akzeptiere nicht, dass du in meinem Auto rauchst!" Zweitens, wenn dich jemand dazu beauftragt – wie ein König seinen Hofnarren.

Ebenfalls wichtig ist es, Interesse zu zeigen und aktiv hinzuhören. Um das zu testen, stieg ein Coach in ein Flugzeug ein und hörte seinem Sitznachbarn zwei Stunden lang aufmerksam zu. Nachdem das Flugzeug gelandet war, wurde der Mann befragt, mit wem es sich denn da die ganze Zeit so anregend unterhalten habe. Die Antwort: „Ich hab keine Ahnung. Aber er war mir gleich unglaublich sympathisch!"

Ein Muss für jede Partnerschaft: Jeder Konflikt sollte vor dem zu Bett gehen liebevoll beendet werden, am besten mit einer Umarmung.

Das Wichtigste für jede Freundschaft und jede Partnerschaft, egal ob geschäftlich oder privat: „Gib, was du haben willst!" Eine Übung dazu: Erstelle eine Liste mit dem Titel „Was kann ich wem geben?" und fülle sie gewissenhaft aus.

Nackt zum
großen Erfolg

Im Jahr 2000 habe ich mich in ein Produkt verliebt und dann auch gleich in das ganze Team, das es mit mir verbreitet hat. Daher habe ich auch – wie jeder, der verliebt ist – ohne jegliches Berechnung sehr viel gegeben.

Im Juli 2001 zählte mein „Herzteam" schon fast tausend Kundinnen und Beraterinnen. Weil wir aber schon alle dringend etwas Erholung brauchten, fuhr ich mit meiner Familie an einen FKK-Strand auf Korsika.

Damit mein Team auch in meiner Abwesenheit einen Ansprechpartner hatte, bat ich die älteste meiner Powerfrauen, diese Rolle zu übernehmen und informierte auch die anderen.

Nach einer Woche Sonne, Strand und Meer ging ich nackt zu der Telefonzelle neben der Rezeption des Camps und rief meine, von mir ernannte Stellvertreterin an.

„Hallo Else!" begann ich mein Gespräch. „Wie geht es dir? Was gibt es Neues? Ist alles okay?

„Ja, alles ist okay." antwortet Else. „Es ist mir aber aufgefallen, dass du in diesem Monat den >Crown Director< (einen relativ hohen Rang in diesem Netzwerk) erreichen könntest!"

„Ja, das weiß ich, liebe Else." beruhigte ich sie. „Aber jetzt bin ich im Urlaub. Und der Crown Director läuft mir ja nicht davon. Wird es halt erst im August oder im September sein."

„Nein!" erwiderte Else entschlossen. „Das machen jetzt wir für dich. Das wäre doch gelacht, wenn wir das nicht auch ohne dich schaffen. Du erholst dich und wir machen das!"

Da ich Else sehr gut kannte, wusste ich, dass sie jetzt keinen Widerspruch mehr dulden würde. Ich willigte also ein, verließ die glühend heiße Telefonzelle und ging zurück zum Meer.

Zwei Wochen später war ich „Crown Direktor", wurde ausgiebig geehrt und verdiente ab August (umgerechnet) um 500 Euro mehr!

Netzwerken - Die stille Revolution zur Heilung des Planeten

Es war Krieg. Krieg mitten im Frieden. Friedens-krieg. Der Sozialismus war endgültig überall gescheitert und der Kapitalismus zum "Mammonismus" verkommen.

Durch den Einsatz von immer besseren Maschinen, Computern und Robotern war es möglich geworden, die Produkte des täglichen Bedarfs so billig herzustellen, dass ein weltweiter Überfluss hätte sein können. Das Gegenteil war jedoch der Fall:

Es tobte ein weltweiter Wirtschaftskrieg. Die Kosten für Werbung und Vertrieb verschlangen bis zu 90% der Verkaufspreise. Für die Qualität der Produkte blieben nur mehr 10% über. Das alles löste vier weitere Fehlentwicklungen aus:

Erstens mussten die Industriebetriebe immer mehr Menschen entlassen, was die Kaufkraft von hunderten Millionen Menschen minderte und die Staatskassen belastete.

Zweitens gerieten die früher relativ freien Zeitungen, Radio- und TV-Anstalten in immer größere Abhängigkeit der, sich mittels Werbung bekämpfenden, multinationalen Konzerne.

Drittens wurde es immer schwieriger, Qualitätsprodukte mit höheren Herstellungs-kosten – wie z. B. Lebensmittel aus bio-logischem Landbau oder Kleidung aus Naturfasern – zu vertreiben.

Viertens zogen immer mehr Investoren ihr Geld wegen zu geringer Rentabilität aus der Wirtschaft heraus und spekulierten dafür „auf Teufel komm raus" mit Devisen, Termin-geschäften und Derivaten.

Die Ausrottung des Mittelstandes war damit eingeleitet, die Trennung der Gesellschaft vorprogrammiert: Die Reichen wurden immer reicher, die Armen immer ärmer.

Solche Fehlentwicklungen führten früher so gut wie immer zu Massenarbeitslosigkeit, Armut, Revolution und Krieg - doch diesmal kam es anders:

Denn kurz vor der endgültigen Vernichtung des Kleinunternehmertums entdeckten findige Köpfe ein neues, nahezu grenzenloses "Spiel".

Das Spielfeld dafür lag nicht im Produktions-bereich, denn in diesem, immer enger werdenden Bereich bekriegten sich ja die Großkonzerne. Nein, dieses neue, unendlich große Spielfeld eröffnete sich natürlich im Marketingbereich, dem bis zu 90 Prozent der Kundengelder zuflossen!

Eigentlich existierte dieses neue Spiel schon seit vielen Jahrtausenden: Ein Kunde ist von einem Produkt begeistert und erzählt davon einem Freund, Bekannten oder Verwandten. Einer dieser Freunde, etc. Dieser probiert das Produkt und ist ebenfalls begeistert, usw, usw.

Mit der Zeit entsteht auf diese Weise ohne Kapital ein lebendiges, immer größer wer-dendes Netzwerk – die innovativste Unter-nehmensform des neuen Jahrtausends!

Bevor die losen "Mundpropaganda-Netze" aber zu einem wirklich bedeutenden Faktor in Wirtschaft, Kultur und Politik wurden, war noch eine klitzekleine Systemänderung notwendig: Jedem Kunden, der seine Begeisterung bereitwillig mit anderen teilte, wurde eine kleine Belohnung gegeben - aus dem Topf der eingesparten Gelder für Werbung und Vertrieb. So entstand das „**Netzwerken**",

eine köstliche Mischung
aus Dienen und Verdienen!

Anfangs wurden die "Netzwerker" bloß belächelt, denn zunächst erkannte kaum jemand die Brisanz des neuen Systems.

Doch als die ersten großen Zeitungsverlage, Radio- und TV-Anstalten bemerkten, dass ihre Werbeaufträge zurückgingen, wurde das "Network Marketing" mit allen Mitteln bekämpft. Erst wurden Worte wie "Schneeball-system" und auch "Pyramidenspiel" erfunden, um das Netzwerken zu diskriminieren.

Dann wurde Amway, die größte Netzwerkfirma der Welt, angezeigt und jahrelang prozessiert, mit dem Ziel, das Netzwerken weltweit gesetzlich zu verbieten - letztendlich ohne Erfolg. So gelang es aber, die große Mehrheit der Menschen drei Jahrzehnte lang über das wahre Wesen des Netzwerkens zu täuschen.

Bis die Jahrtausendwende kam, die den endgültigen Durchbruch brachte: Netzwerken ist heute allgemein anerkannt und wird nun auf der ganzen Welt täglich millionenfach praktiziert. 1998 gab es bereits 33 Millionen Netzwerker, die Produkte und Dienstleistungen im Wert von 80 Milliarden Dollar verbreiteten. Und jedes Jahr wurde und wird das neu entdeckte Spielfeld um rund 20 Prozent größer.

Weil es immer mehr Menschen wichtig ist, körperlich, geistig, seelisch _und_ finanziell gesünder zu werden, wachsen die Wellness-, Schönheits- und Gesundheitsnetzwerke fünf- bis zehnmal schneller als alle übrigen.

**Global gesehen ist Netzwerken
eine faszinierende Synthese
aus Kapitalismus und Sozialismus.**

89

Denn rund die Hälfte der eingesparten Werbe- und Vertriebsgelder kommt der Qualität und den Netzwerkkunden zugute – und so werden Qualitätsprodukte um einiges billiger.

Die zweite Hälfte eingesparten Marketing-Gelder erhalten die aktiven Netzwerkerinnen. Dadurch steigt wieder die Unabhängigkeit der Zeitungsverlage, Radio- und TV-Anstalten, und es entsteht ein neuer, täglich wachsender Mittelstand – die freien Netzwerkerinnen und Netzwerker.

So bringt Netzwerken der Erde von Jahr zu Jahr mehr Gesundheit, Wohlstand, Freiheit und Frieden. Jedenfalls so lange, als sich die Netzwerker und Netzwerkerinnen primär am Wahlspruch der legendären Ritter der Tafelrunde orientieren:

**"Indem wir einander dienen,
werden wir frei!"**

Das Geheimnis
des Erfolgs

Jim Rohn, der legendäre Netzwerker, Trainer und Coach rief einst einen jungen, deutschen Netzwerker zuhause an und bot ihm an, ihm das Geheimnis seines überragenden Erfolgs anzuvertrauen – allerdings in Barcelona ...

Der junge Netzwerker nahm einen Kredit bei seiner Oma auf, besorgte sich ein Ticket und flog nach Barcelona. Dort lud ihn Jim Rohn zu einem köstlichen Abendessen in einem feinen Hotel ein, das aus der Sicht des jungen Netzwerkers nicht und nicht enden wollte.

 Nach jedem Gang zückte er deshalb seinen Block und fragte Jim Rohn nach seinem Geheimnis. Doch dieser winkte jedes Mal ab, und das so lange bis endlich auch der letzte Gang genussvoll und bedächtig verspeist war.

„Jetzt schreib auf" sagte Jim Rohn schließlich mit feierlicher Miene und diktierte dem jungen Netzwerker drei Worte.

„Und?" fragte dieser.

Nichts Und!" antwortete Jim Rohn „Das ist das ganze Geheimnis", stand auf und ging in Richtung Ausgang.

Als ihn der junge Netzwerker darauf aufmerksam machte, dass es zu den Toiletten in die andere Richtung gehe, sagte er nur: „Young man, I know my way!" und verließ das Hotel ...

Enttäuscht und zornig betrachtete der junge Netzwerker die drei Worte auf seinem Block und ärgerte sich über die sinnlose Ausgabe und die vergeudete Zeit.

Doch während des langen Rückfluges nach Düsseldorf wurde ihm nach und nach immer klarer, dass ihn der große Jim Rohn doch sicher nicht deshalb nach Barcelona fliegen hat lassen, um sich nur einen Jux mit ihm zu machen!

Die drei Worte bargen offenbar wirklich das große Geheimnis, nur hatte er es bisher noch nicht richtig verstanden!

In den kommenden 18 Monaten nahm der junge Netzwerker die drei Worte daher sehr ernst und befolgte sie so oft und so gut wie nur möglich - Tag für Tag und Nacht für Nacht!

Das unglaubliche Ergebnis danach war eine riesige Anzahl von Kunden und Teampartnern und die völlige finanzielle Freiheit - und das mit nur 21 Jahren!

Wenn Du mehr über diesen, noch immer recht jungen Mann erfahren willst, dann schau dir doch seine Webseite an: www.torstenwill.com

Die drei Worte lauten „USE – WEAR – TALK". Das ist das ganze Geheimnis! Auf Deutsch: Verwende dein Produkt, bekenne dich dazu und sprich über deine Erfahrungen damit. Und dafür gilt die Regel: „Facts Tell – Stories Sell!"

Torsten Will war aber nur deshalb dazu bereit, weil er einen großen Traum hatte (ein neues Haus für seine Eltern) und die feste Absicht, diesen Traum zu verwirklichen – und zwar so:

"Have a Dream, Build a Team
and Focus like a Laser Beam!"

Die Magie des Gebens

Allein damit haben weder Jim Rohn noch Torsten Will ihre riesigen Netzwerke aufgebaut. Denn es existieren noch zwei weitere große Geheimnisse, die ich dir hier enthülle:

Erstens musst du von deinem Produkt und dem gesamten Umfeld 100%ig überzeugt sein – im Idealfall bist du in all das verliebt.

Zweitens musst du bereit sein, alles zu geben, was deine Teampartner und deine Kunden brauchen oder sich von dir wünschen – und dafür alles tun, was in deiner Macht steht.

Mach deine Teampartner und deine Firma erfolgreich und deine Kunden glücklich. Das Gesetz vom „Säen und Ernten" sorgt dafür, dass du ein Vielfaches davon zurückbekommst!

Willst du die Magie des Gebens in der Praxis selbst erleben? Dann nehme ich dich gerne an der Hand! Sende mir eine E-Mail oder ruf mich einfach an – meine Daten findest du umseitig.

Ich danke dir ...

- für deine Fragen zu den einzelnen Geschichten und Botschaften, falls etwas nicht klar genug ist.
- für deine Anregungen, was wir bei der nächsten Auflage noch besser machen können
- und für das TEILEN dieses Buches, seiner Geschichten und Botschaften mit anderen.
- Nimm es mit in die Bahn, in die U-Bahn, in den Bus, ins Kaffeehaus und überall dorthin, wo du vielleicht warten musst.
- Mach zwei Menschen in deinem Umfeld eine Freude und schenke ihnen dieses Buch auch ganz ohne Anlass! Nutze die Magie des Gebens!
- Hilf mit, dass tausende Menschen sich von meinen Geschichten inspirieren lassen, die Lektionen beherzigen und so immer mehr Liebe, Freiheit und Frieden ernten!

Kary Nowak, Autor, Netzwerker Selfness-Trainer und Coach
E-Mail: kary.nowak@bruderbaum.org
Telefon: 0043 699 1303 3030

Literaturhinweise

BYRNE Rhonda: The Secret – Das Geheimnis, Arkana
BYRNE Rhonda: The Magic, Knaur MensSana HC
CARNEGIE Dale: Wie man Freunde gewinnt, Fischer TB
CARNEGIE Dale: Sorge dich nicht – LEBE! Fischer TB

EGLI René: Das LOL²A-Prinzip, Editions d'Olt
HAY Louise: Spiegelarbeit - Heile dein Leben 21 Tagen, L.E.O.
ROACH, Geshe Michael, McNALLY, Lama Christie und GORDON, Michael: Karmic Management – Erfolg durch Spiritualität, Blumenau

KIRSCHNER Josef: Die Kunst, ein Egoist zu sein, Knaur
MILLER Alice: Das Drama des begabten Kindes und die Suche nach dem wahren Selbst, Suhrkamp

NOWAK Kary und REICHL Michael:
Die sieben Geheimnisse der Reichen, Ibera
NOWAK Kary: Eva ist unschuldig ... und Adam auch, Bücher mit Herz
NOWAK Kary: Die 9 Schlüssel zum Paradies, Bücher mit Herz

SCHMIDT K.O.: Die Goldene Regel
Das Gesetz der Fülle, Drei Eichen Verlag
TEPPERWEIN Kurt: Die geistigen Gesetze, Goldmann
WEBER Walter: Die Seele heilt den Menschen, Herbig

Über den Autor

Kary Nowak ist am 29. August 1943 in Wien geboren und auch dort aufgewachsen. Er hat mit seiner Frau Edeltraud drei erwachsene Kinder und lebt in Mödling, der Perle des Wienerwalds. 1978 organisierte er eine Bürgerinitiative gegen die Inbetriebnahme des Atomkraftwerks Zwentendorf und hat damit zur Atomkraft-Freiheit Österreichs beigetragen.

1981 entdeckte er seine Lust am Schreiben, gründete die Öko-Zeitschrift „Besser Leben – anders leben" und war fünf Jahre lang deren Chefredakteur, danach einige Jahre lang Chefredakteur der Zeitschrift „Natur & Gesundheit". 1984 organisierte Nowak gemeinsam mit dem Wiener Stadtgartenamt die Aktion „Baumpatenschaft" die das erste Wiener Stadtbaum-Sanierungsprogramm auslöste und zur Gründung der Umweltorganisation „Bruder Baum" führte.

Nach sechs Waldhilfemodellen organisierte er 1990 die Wassertestaktion „Nitrat im Trinkwasser" mit rund 500.000 Testvorgängen und über 2.000 Medienberichten.

Dies führte zur Halbierung der gesetzlichen Grenzwerte für Nitrat im Trinkwasser und zu einer drastischen Absenkung des Kunstdüngereinsatzes in Österreich – mehr bei www.bruderbaum.org

Als überzeugter Friedensaktivist organisierte Kary Nowak 1995/96 das Neutralitätsvolksbegehren und trat bei den Bundespräsidentschaftswahlen 1998 als unabhängiger und zunächst einziger Kandidat für die Neutralität Österreichs an. Ergebnis: Der damals zwischen den Großparteien bereits fix paktierte Beitritt Österreichs zur NATO wurde fallen gelassen.

1992 verfasste der Autor sein erstes Buch, den Bestseller „Krebsheiler packen aus". 1997 folgte der Science Fiction Roman „Friedenskrieg", im Jahr 2000 die Fibel „Das IDEALprogramm – dein Führerschein zum Glücklichsein."

2007 erschien das Buch „Die sieben Geheimnisse der Reichen" und entstand das Selfness- und Kommunikationstraining „Ja, du kannst es!" sowie diverse andere Trainings und Workshops. 1998 entstanden die Bücher „EVA IST UNSCHULDIG ... und Adam auch", sowie „Die 9 Schlüssel zum Paradies!" – mehr dazu bei www.karynowak.at und www.karys-storys.at

Aus dem Inhalt des Buchs
„Eva ist unschuldig … und Adam auch"

1. Adam, Eva und die Sünde
2. Aus 10 Geboten werden drei
3. Erich gegen Erich – warum?

4. Das Schuldgeld und die Macht in dir
5. Franzi, Dobby und die Strafe
6. Ho' Oponopono – eine Streitkultur zum Verlieben

7. Flohzirkus – wie lange noch?
8. Natürliches Lernen – angstfrei und fehlerfreudig
9. Dann hau ich Ihnen auch auf Ihre Finger!

10. Die magische Lüge und mein Knie
11. Ray Charles und der Tod seines Bruders
12. Ganz plötzlich von 8 auf 25 Dioptrien!

13. Bhagwan, Anna und ihr Candida
14. Der pawlow'sche Hund
15. Frei von Schuld

erhältllich bei www.bod.de/buchshop
und im Buchhandel

Aus dem Inhalt des Buchs
„Die 9 Schlüssel zum Paradies"

1. Adam, Eva und welche Sünde?
2. Der Schuld- und Sühne-Unfug
3. Die 9 Schlüssel zum Paradies

4. Was habe ich Ihnen getan?
5. Was mich stört, zu mir gehört
6. Nur über meine Leiche

7. Die Heilung von Brustkrebs in einer Nacht
8. Von da an ging es ständig bergauf
9. Ausred' verloss' mi nit!

10. Napoleon und sein Hofnarr
11. Die wundersame Geldvermehrung
12. Die 3 Siebe des Sokrates

13. Liebe, Liebe, Liebe, Liebe
14. Friedensreich Hundertwassers Wunsch
15. Der alter Mann und der junge Prinz

erhältllich bei www.bod.de/buchshop
und im Buchhandel

Schutzengel-Paket

Eine Anleitung für mehr Liebe, Fitness und Wohlstand

Unfälle, Krankheiten und andere Verluste sind kein Schicksal, sondern haben fast immer eine dieser drei Ursachen:

1. Fehldiagnosen und deren Konsequenzen
2. Dauerhafter Mangel an Wertschätzung
3. Ein aktives Schuld- und Sühneprogramm

Du kannst diese drei Hauptursachen selbst ausschalten und dein Verlustrisiko damit um 80 bis 90 Prozent reduzieren! Wie das in Detail geht, zeigen dir die nachfolgenden Informationen.

mehr dazu bei www.schutzengel-paket.de

Wolfgang Wieser
Bewusst leben
Dein Weg des
Erkennens

Ratgeber für
Lebensführung,
Bewusstseinserweiterung,
Spiritualität, persönliche
Entwicklung

Deutsche Erstausgabe
2017
E-Book € 9,90,
Taschenbuch
€ 18,08: www.amazon.de

Hardcover €21,50 (A), www.buechermitherz.org
206 Seiten, Format 15,8 x 21 cm

ISBN 978-3-9503947-3-3

Ein liebevoll verfasstes Buch, das nichts für schwache
Herzen ist. Es beginnt mit der Geschichte eines jungen
Kriegers, der sich auf den Weg macht, um eine große
Prüfung zu bestehen.

Dabei erkennt er einen Bewusstseinsbereich, der in
jedem Menschen vorhanden, aber für den denkenden
Verstand unbegreiflich ist. Im zweiten Teil des Buches
beschreibt der Autor, was uns daran hindert, diese
Quellen des Lebens zu erkennen und wie wir uns ihr
wieder öffnen können.

WIR, die Bücher mit Herz – Mitglieder, sind eine Gemeinschaft von Autoren im Eigenverlag und begegnen einander stets auf Augenhöhe. Jeder bringt sich eigenverantwortlich ein, wie es seinen Talenten und Fähigkeiten entspricht.

Wir begleiten, fördern und unterstützen einander bei Öffentlichkeitsarbeit und Kommunikation, setzen gemeinsame Etappenzeile und freuen uns über unsere Erfolge.

In der Gemeinschaft erreichen wir leichter unsere Ziele und können uns so zu ungeahnten Höchstleistungen anspornen.
Das Prinzip „Miteinander & Füreinander" ist hier gelebtes Selbstverständnis.

Impressum
Bücher mit Herz Eigenverlag Gemeinschaft, ZVR 821981366
A-2340 Mödling, Ferdinand Fleischmanngasse 5/10
Mobil +43(0)69912400117
info@buechermitherz.org,
www.buechermitherz.org